AF320754

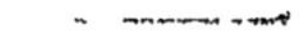

L'ANNIVERSAIRE DU XXI JANVIER.

ÉPITRE

A MM. LES MEMBRES

DE LA CHAMBRE DES DÉPUTÉS.

Revue et précédée de deux Épîtres nouvelles.

PAR J. LAMONTAGNE,

Ancien Commissaire de la Marine, attaché à la 3me.
Division du Ministère.

PARIS,

DE L'IMPRIMERIE DE C.-F. PATRIS,

Et se trouve

Chez HUGELET, Éditeur, ancien Imprimeur, rue des Fossés
Saint-Jacques, N°. 4, près la place de l'Estrapade.

M. DCCC. XVII.

AVIS DE L'ÉDITEUR.

L'Épître sur l'anniversaire de *la Mort de Louis XVI* a déjà paru en 1816. La Chambre en ordonna la mention honorable dans sa séance du 2 Janvier, et le 13, elle fut présentée au Roi par feu Mgr le Duc de Rohan, premier Gentilhomme de Sa Majesté.

Les deux Épîtres qui la précèdent furent composées à peu près dans le même temps. L'Auteur, en les publiant aujourd'hui, a cédé aux instances de plusieurs personnes qui les ont jugées dignes de quelque intérêt dans les circonstances actuelles.

ÉPITRE

A M. DETOURNEMINE,
MEMBRE DE LA CHAMBRE DES DÉPUTÉS.

Octobre 1815.

Quò, quò . . . . . ruitis?
HORAT.

Quel est donc cet affreux délire
Qui, sous le nom du meilleur de nos Rois,
Veut dicter de sanglantes lois ?
A ses nobles vertus laissez leur doux empire ;
L'art de régner n'est point l'art de proscrire.

Un soldat peut encor regretter l'étendart
Sous lequel la victoire a daigné lui sourire ;
C'est un vieux compagnon dont on plaint le départ,
Et qu'on salue encor par un dernier regard,
Mais qu'avec le temps on oublie.
D'une brillante erreur désabusé plus tard,
Il saura faire au Prince, à la Patrie,
Des lis qu'il outragea devenu le rempart,
Le sacrifice de sa vie.
Ainsi, du saint législateur
Ennemi furieux, ardent persécuteur,
Contre Jésus le fougueux Paul conspire,
Et bientôt, zélé serviteur,
Pour lui rester fidèle, il souffre le martyre.

A nos yeux effrayés ton vigoureux pinceau
     Vainement, sage Tournemine,
D'un trait rapide et sûr a tracé le tableau
     De l'inévitable ruine,
Où parmi les horreurs d'une guerre intestine,
     Nous entraîne un parti nouveau,
Qui de l'expérience écarte le flambeau,
     Et qu'un zèle aveugle domine.
     O toi, qui sus des temps passés
     Mettre à profit les leçons un peu dures,
Tu ne partages point les transports insensés
     De ces novateurs empressés
Qui, voulant nous guérir, déchirent nos blessures.
Tu veux aller au but par des routes plus sûres;
Mais on n'écoute point tes généreux avis,
Tournemine, au milieu du tumulte et des cris,
Ton éloquente voix ne peut se faire entendre.
De ces tristes débats que devons-nous attendre?
Un contrat solennel, en tous lieux publié,
Par lequel a son peuple un Roi s'était lié,
Si l'on n'ose le rompre, on ose le suspendre;
Au mépris des serments, nos droits sont violés,
Et la liberté meurt sous les coups redoublés
     De ceux qui devaient la défendre.

Vous, que le choix du peuple a mis dans le sénat
     Pour y veiller au salut de l'Etat,
Est-ce donc là remplir votre saint ministère?
Ajourner de la loi le règne tutélaire;
     Aux caprices d'un magistrat

Confier du pouvoir l'exercice arbitraire ;
Semer la défiance entre les citoyens,
Ouvrir aux délateurs une vaste carrière,
De la société c'est rompre les liens,
Et jeter sur la France un voile funéraire.
Hélas ! que du passé l'exemple vous éclaire !
Gardez-vous de confondre et les temps et les lieux ;
Faites des lois pour nous et non pour nos ayeux ;
Il faut que l'on soit juste avant d'être sévère.
Etudiez nos mœurs, usages, caractère,
    Tout est changé : du Français d'autrefois,
      Le Français d'aujourd'hui diffère ;
Aux hommes comme aux temps appropriez vos lois.
Craignez les fruits amers d'une justice extrême ;
La terreur qu'on inspire, on l'éprouve soi-même.
Vous avez dans l'histoire un exemple fameux
Des fruits de la clémence à la sagesse unie ;
Rappelez-vous ces mots d'un prince généreux ;
Mots que nous a transmis en vers harmonieux
      Le père de la tragédie :
« Soyons amis, Cinna, c'est moi qui t'en convie. »
     Quel supplice eut valu ces mots,
Qui, dans Rome, à la fois étonnée et ravie,
D'Auguste, pour toujours, à l'abri des complots,
      Mirent la couronne et la vie ?
      On a vu nos champs arrosés
      De trop de sang, de trop de larmes ;
Eloignez les soupçons, dissipez les alarmes,
Rapprochez les esprits déja trop divisés ;
     Songez-y bien, la violence

Est mal habile à soumettre les cœurs ;
Vous serez mieux servis par la douce indulgence.
Que vos soins conciliateurs ,
Des ennemis secrets de notre belle France ,
Trompent la cruelle espérance ,
Et méritez enfin tous les titres flatteurs
Que du peuple à ses bienfaiteurs
Défère la reconnaissance.

Mais d'un vertige affreux vous êtes tous frappés ,
Malheureux ! à peine échappés
Aux flots dont cent débris attestent les ravages ,
Au lieu du calme , invoquant les orages ,
Malgré de sinistres présages ,
Vous n'écoutez qu'un fol orgueil ,
Et vous courez vers un écueil
Déja fameux par des naufrages.

Hé quoi ! de nos affreux malheurs
Avez-vous perdu la mémoire ?
Et faut-il , de trente ans de crimes et d'erreurs,
Vous retracer ici l'épouvantable histoire ?
Vous peindre les partis qui , de haine enflammés ,
Tour-à-tour oppresseurs , tour-à-tour opprimés ,
Transforment en déserts les cités florissantes ?...
Mais non , qu'un voile officieux
Couvre les images sanglantes
De nos dissentions tous les jours renaissantes.
Sur l'avenir jettons les yeux ;
Songeons que l'étranger peut-être nous envie

Cet avenir qu'un Roi nous permet d'espérer,
Et qui doit bientôt réparer
Les maux qu'a soufferts la Patrie.
Autour de ce Roi vertueux,
Gage le plus sacré de la faveur des cieux,
Qu'a l'envi chacun se rallie.
Que l'immortel objet de nos soins, de nos vœux,
Soit d'étouffer la discorde ennemie,
Et de recommencer une nouvelle vie
Sous des auspices plus heureux.

Toi, dont les talents, le courage,
Des Français méritent l'hommage;
Noble avocat, et de la liberté,
Et de la charte et de l'humanité;
Sois toujours l'ornement de cet aréopage
Où tes vertus et nos vœux t'ont porté,
Et dans lequel déjà tu n'as point hésité
A faire entendre le langage
De la sagesse et de la vérité.
Ah ! n'abandonne point la glorieuse lutte
Que t'imposent ici ton honneur et ta foi,
L'amour de ta patrie et l'amour de ton roi;
Ne crains rien; le vrai sage, aux factions en butte,
Par les difficultés jamais ne se rebute;
Il redouble d'efforts, de constance et de soins,
Et s'il faut qu'il succombe, au moins
D'honorables regrets accompagnent sa chûte.

ÉPITRE

AU MÊME, SUR L'AMNISTIE.

Janvier 1816.

Enfin tes vœux sont accomplis,
Noble et vertueux Tournemine;
Du vainqueur de la ligue un digne petit-fils
Ne dément point son origine.
Au plus juste ressentiment
Il oppose ce testament,
D'une haute sagesse immortel monument,
Où, d'un royal martyr la volonté dernière,
Des crimes, des erreurs de nos temps malheureux,
Conscilla, prescrivit le pardon généreux.
Sans attendre qu'une humble et timide prière
Jusqu'à son trône s'élevât,
Il a fait grâce au faible, au parjure, à l'ingrat;
Et pour donner encore plus d'éclat
A ce grand acte de clémence
Qui, mieux que la rigueur, nous montre sa puissance;
Il veut le promulguer comme loi de l'état.

Cette paternelle amnistie,
Que nous verrons sans doute avec transport
Par les deux chambres accueillie,
Ouvre, au sein de l'orage, un salutaire port
Où, plein d'un doux espoir, chacun se réfugie,

Et de notre France chérie
Elle fixe à jamais le sort.
Si , poussé d'un zèle farouche,
Un ami des sanglantes lois
Elevait au sénat une homicide voix,
Sois prêt. cher Tournemine, à lui fermer la bouche.
Tu sus rester fidèle au meilleur de nos Rois ;
De la pitié , dans ce jour mémorable ,
C'est au Français irréprochable
Qu'il appartient de défendre les droits.

Enseigne aux partisans d'un rigoureux système
Que la Discorde avait conçu ,
Qui voudraient voir le sang à longs flots répandu ,
Rejaillir sur le diadême ,
Qu'une extrême justice est une injure extrême (1) ;
Qu'ils apprennent de toi, que le repentir même
A ses héros , ainsi que la vertu ;
Que de la plus belle couronne
L'éclat se ternit dans les pleurs ;
Et que le pouvoir qui pardonne
Est aussi le pouvoir qui triomphe des cœurs.

Hé ! qui pourrait avoir l'âme assez endurcie
Pour résister encore à ce Prince adoré ,
Qui n'attache un prix à la vie ,
Que pour voir des Français le bonheur assuré ,
A qui la voix du peuple a déjà déféré

____

(1) *Summum jus , summa injuria.*

Les titres de Roi désiré
Et de père de la Patrie ?
Ah ! que toujours il soit l'objet sacré
De la plus juste idolâtrie !

Indigne du nom de Français,
Et déjà sans retour flétri par l'esclavage,
Si quelque citoyen, dans une aveugle rage,
Osait encore à de nouveaux forfaits
Exciter son féroce et stupide courage,
Avec éclat, déployant sa rigueur,
Que la loi venge son injure,
Et que du monstre, à la race future,
La mémoire soit en horreur !

L'ANNIVERSAIRE
DU XXI JANVIER.
ÉPITRE
A MM. LES MEMBRES
DE LA CHAMBRE DES DÉPUTÉS.

> . . . . . *Quis, talia fando,*
> *temperet a lacrymis !*
>
> VIRG.

Il approche, ce jour, d'exécrable mémoire,
Ce jour, qui de terreur glace encor les Français,
     Et qui doit souiller à jamais
     Les annales de notre histoire ;
Jour, qui vit des bourreaux en juges travestis,
Et d'un front couronné bravant le privilége,
     Frapper d'une main sacrilége,
     L'oint du Seigneur, le fils de Saint-Louis !

O crime ! ô désespoir ! ô France ! ô ma patrie !
Dont les nobles enfants étaient si renommés
     Par leur antique idolâtrie
     Pour des monarques bien aimés !
     Jadis, avec un œil d'envie,
Les peuples étrangers admiraient ton éclat ;

Par des monstres cruels te verras-tu flétrie,
    Sans repousser l'ignominie
    Dont te couvre leur attentat ?

Je ne demande point que du sang des parjures,
A longs flots répandu, nos sillons soient baignés;
Je ne demande point que les vents indignés
    Dispersent leurs cendres impures;
A la justice humaine un Roi les a soustraits,
    Un Roi, leur auguste victime;
La vengeance divine a seule désormais
Le droit de les poursuivre et de punir leur crime.

Qu'ils vivent !... si l'horreur du sang qu'ils ont versé
    Leur permet encore de vivre;
    Mais, à haute voix prononcé
    Par un peuple trop offensé,
De leur fatal aspect que l'exil nous délivre.
Qu'ici bas leurs forfaits demeurent impunis,
    Mais que leur présence abhorrée
    N'insulte plus à la cendre sacrée.
    Et d'Antoinette et de LOUIS.
De ce couple adoré que la royale Fille,
Egarant ses douleurs autour de nos remparts,
Ne puisse rencontrer les sinistres regards
    Des meurtriers de sa famille.
Cachés dans les forêts, errants dans les déserts,
Que leur exil, du moins, atteste à l'univers,
    Que toujours fidèle à ses maîtres,
La France ne fut point la complice des traîtres,

Et que malgré ses longs revers,
Elle a des fils encor dignes de leurs ancêtres.

Mais l'approche du jour affreux
Qui, du plus juste des Monarques,
Priva les Français malheureux,
D'un deuil trop légitime exige d'autres marques.
De ce jour si fatal à nos tristes climats,
Que des larmes, que des prières
Consacrent les heures entières;
Les temples sont ouverts; précipitez vos pas,
Peuple, guerriers, prêtres et magistrats;
Offrez au Roi martyr de funèbres hommages;
De vos bras suppliants pressez les saints autels,
D'un infâme sénat expiez les outrages;
Et que vos regrets immortels
Soient l'entretien des derniers âges!

Ainsi, par un deuil général,
Les enfants d'Albion déplorent la journée
Qui de Charles Premier, sous le couteau fatal,
A vu trancher la destinée.
Des larmes sont dans tous les yeux;
Chacun du coup mortel croit ressentir l'atteinte;
Sur tous les fronts on voit l'horreur empreinte;
Et les sanglots, mêlés aux chants religieux,
Des temples que parfume un encens précieux,
Au loin font retentir l'enceinte.

Par ces nobles tributs de douleur et d'amour,

Dont chaque année amène le retour,
Envers ses rois Londres s'est acquittée;
Coupables des mêmes excès,
Des mêmes attentats qui l'ont ensanglantée,
Dans ses fureurs nous l'avons imitée,
Imitons là dans ses regrets.

Vous qui représentez la nation française,
Des maux qu'elle a soufferts, sages réparateurs,
C'est à vous, qui lisez dans le fond de nos cœurs,
C'est à vous, que de LOUIS Seize
Il appartient de venger les malheurs.
Offrez-lui des Français les respects et les pleurs;
Par le saint appareil des publiques douleurs,
Désarmez, s'il se peut, la colère céleste.
Rendez à l'infortune, au trône, à la vertu,
L'hommage qu'on leur doit en un jour si funeste;
Et dans le Roi que nous avons perdu,
Honorez celui qui nous reste.

F I N.

www.ingramcontent.com/pod-product-compliance
Lightning Source LLC
LaVergne TN
LVHW020433060726
842525LV00006B/2348